Die Stadt
der Kaiserin

KINDER ENTDECKEN DAS RÖMISCHE KÖLN

Unterwegs mit

Stadtmagazin für Familien in KölnBonn

J.P. BACHEM VERLAG

Entdecker Touren

Inhalt

Schön, dass du dich entschieden hast, dieses Buch aufzuschlagen. In ihm kannst du etwas über Köln zur Zeit der Römer erfahren. Es ist allerdings kein Buch, das du zu Hause in deinem Zimmer auf dem Bett lesen solltest. Dieses Buch ist ein „Stadt-Führer". Geh mit ihm hinaus an die frische Luft. Es führt dich an Orte in Köln, an denen es interessante Dinge zu entdecken oder Geschichten aus der längst vergangenen Zeit der Römer zu erzählen gibt.

Wie sind die Römer aus dem fernen Rom im heutigen Italien überhaupt nach Köln gekommen? Sicherlich kennst du die Geschichten der zwei tapferen Gallier Asterix und Obelix. Nein, das waren natürlich keine Kölner, sie kamen aus Gallien, dem heutigen Frankreich. In den Comics kann man immer auf der zweiten Seite lesen, dass die Römer im Jahre 50 v. Chr. – also vor über 2 000 Jahren – ganz Gallien bis auf das Dorf der beiden Helden eroberten. Die Römer bauten damals unter ihrem Feldherren Julius Caesar ein großes Reich auf. So rückten römische Armeen auch in das Rheinland vor und eroberten die Gegend um Köln. Die Stadt Köln selbst gab es damals aber noch nicht. Hier lebten auch keine Gallier, sondern Germanen. Genauer gesagt: der germanische Stamm der Eburonen. Ähnlich wie Asterix und Obelix wehrten sich auch die Eburonen gegen die Römer – nur nicht ganz so erfolgreich. Sie hatten ja schließlich auch keinen Zaubertrank! Nachdem sie ein römisches Heerlager angegriffen und viele Legionäre umgebracht hatten, befahl Caesar, die Eburonen auszulöschen. Dort, wo

sie einst gewohnt hatten, siedelten sich nun mit Erlaubnis der Römer die Ubier an. Sie waren zwar ebenfalls Germanen, verstanden sich aber mit den Römern besser und wurden zu ihren Bundesgenossen. Gemeinsam gründeten Ubier und Römer dort, wo heute die Stadt Köln liegt, das *Oppidum Ubiorum* (das ist lateinisch und heißt „die Stadt der Ubier"). Bald schon ließen sich Kaufleute und Handwerker hier nieder. Glas- und Tonwaren aus Köln waren im ganzen Römischen Reich berühmt. Im Jahre 50 n. Chr. erhielt Köln die römischen Stadtrechte und wurde zu einer COLONIA. Schließlich wurde die Stadt so groß und wichtig, dass sie um das Jahr 90 n. Chr. zur Hauptstadt der römischen Provinz Niedergermanien wurde. Etwa 15 000 bis 20 000 Menschen lebten hier.

So, das soll für den Anfang reichen. Viele weitere Informationen über die Römer und Germanen in Köln wirst du während der verschiedenen Touren erhalten. Auch einige Quizfragen und ein Rätsel erwarten dich unterwegs. Du benötigst für die Aufgaben ein paar leere Blätter und am besten farbige Stifte. Hinten im Buch findest du die Lösungen zu den Fragen, wenn du dir mal nicht sicher bist.

Am meisten Spaß machen solche Entdeckungsreisen, wenn man sie nicht allein macht. Deshalb nimm ruhig deine Eltern, Geschwister, Freunde, Verwandte oder Bekannte mit und erforsche zusammen mit ihnen die Geschichte Kölns.

Ich wünsche dir viel Spaß!

Guido Ricken

A AGRIPPINENSIVM

Tour 1
Köln – wie alles anfing

Wir beginnen unsere erste Tour vor der Kirche Groß St. Martin. Nur wenige Meter vom Haupteingang entfernt ragt eine Säule auf, die Schmitzsäule. Sie sieht nicht sehr römisch aus. Sie stammt auch nicht aus der Römerzeit, sondern ist erst etwa 40 Jahre alt. Doch sie kann uns wichtige Auskünfte über die Zeit der Römer geben, vor allem den Grund, warum die Römer und die Germanen eigentlich genau hier eine Siedlung, das *Oppidum Ubiorum*, gegründet haben. Die Nähe zum Rhein war günstig, denn dann konnte die Stadt mit Schiffen versorgt werden. So konnten die Kaufleute in der Stadt gut Handel treiben. Du hast aber vielleicht schon einmal gesehen, wie der Rhein bei Hochwasser die gesamte Umgebung überschwemmt. Solche Hochwasser gab es auch schon vor 2 000 Jahren.

Übrigens:
In unserer Zeitrechnung gehen wir von der Geburt Christi aus. Wenn du im Text also „v. Chr." liest, heißt das „vor Christus" und meint die Zeit vor seiner Geburt; „n. Chr." heißt entsprechend „nach Christus" und meint die Zeit danach.

?

Eine solche Hochwassermarke findest du an einer Seite der Säule. Sie stammt allerdings nicht aus der Römerzeit.
Aus welchem Jahr stammt diese Marke?

Wegen des Hochwassers suchten die Menschen für ihre Siedlungen Plätze aus, die etwas höher lagen, damit sie keine nassen Füße bekamen. An dieser Stelle war das Gelände etwas höher als in der Umgebung. Daher war dies ein günstiger Ort für eine Siedlung. Dazu kam, dass sich der Rhein genau vor dieser Erhebung in zwei Rheinarme teilte, die spä-

Der Kölner Josef Engels wohnte in dem Haus, vor dem Tünnes und Schäl stehen. 1962 fand er bei Grabungen in seinem Keller Steine von römischen Gebäuden. Er ließ als Erinnerung an die römische Hafeninsel aus diesen Steinen eine Säule mauern, die sogenannte Schmitzsäule.

7

ter wieder zusammenflossen. Die Römer machten aus einem Rheinarm einen Hafen, der durch eine Insel geschützt war (siehe Stadtplan). Hochwasserschutz und Hafen – zwei gute Gründe, genau hier eine Stadt zu gründen. Auf der Insel zwischen den beiden Rheinarmen stehst du gerade.

Der Insel gab man später einen Namen. Finde ihn mithilfe der Säule heraus.

Auf der römischen Rheininsel steht heute die Kirche Groß St. Martin mit ihrem eindrucksvollen Turm. Errichtet wurde sie auf den Grundmauern römischer Gebäude.

Was für Gebäude könnten auf dieser Hafeninsel gestanden haben? Du kannst schon einmal Vermutungen anstellen. Die nächste Station gibt dir darüber Auskunft.

Die Ausgrabungen unter Groß St. Martin

Willst du in die römische Geschichte der Insel „abtauchen", dann gehe in die Kirche und hinunter in die Ausgrabungen. Zur Römerzeit gab es verschiedene Bauten auf der Insel. Im Mittelalter hat man hier neue Gebäude errichtet, ohne dass man die alten ganz abgerissen hatte. Die ausgegrabenen Reste sind verwirrend, weil man nicht mehr klar erkennen kann, welche Steine und Mauerteile zueinander gehören. Archäologen und Geschichtswissenschaftler können dies allerdings genau bestimmen. So wissen wir heute, dass auf der Insel zunächst eine Art Sportanlage gestanden hat. Sie bestand aus einem großen Platz, der mit feinem Sand bedeckt war, und einem Schwimmbad. Links vom Eingang kannst du einen mit großen Steinen ausgelegten Fußboden entdecken. Das war der Bereich um das Wasserbecken herum. Sicher hast du schon die Vertiefung hinten links gesehen; leider ist das alles, was von dem Schwimmbad übrig ge-

blieben ist. Wenn du über den schmalen Gang nach hinten gehst, kannst du einen Blick hineinwerfen. Das Wasserbecken war früher natürlich viel größer, etwa so groß wie die Becken in unseren heutigen Schwimmbädern.

Als die Sportanlage nicht mehr genutzt wurde und der Hafen am Ostufer lag, errichteten die Römer dort große Lagerhäuser für all jene Waren, die mit dem Schiff über den Rhein nach Köln kamen. Das Wasserbecken wurde zugeschüttet und ein Fundament mitten hinein gebaut. Die andere Wand des Lagerhauses befindet sich genau gegenüber in der anderen Rundung. Auch Reste der Pfeiler für die große Lagerhaushalle kann man erkennen. An einem bist du schon direkt am Eingang vorbeigekommen. Von anderen Pfeilern steht nur das gemauerte Fundament.

Dies ist ein Pfeiler des Lagerhauses auf der Hafeninsel. Man kann seinen Aufbau gut erkennen. Unten steht er auf einem grob gemauerten Fundament. Darüber kommt ein großer Natursteinblock, an dem du sogar noch die Bearbeitungsspuren feststellen kannst. Darauf ruht dann der verzierte Pfeilerstein, auch Basis genannt.

?

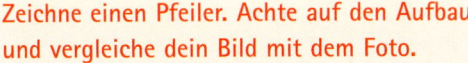

Zeichne einen Pfeiler. Achte auf den Aufbau und vergleiche dein Bild mit dem Foto.

Auf den Grundmauern der Lagerhäuser wurde später wiederum ein neues Gebäude errichtet. Richtig: Diese Kirche wurde auf ihnen gebaut, lange nachdem die Römer Köln verlassen hatten. Sie ist daher genau so breit wie die römischen Lagerhäuser. Im hinteren Teil hängen verschiedene Pläne, auf denen du dir die Grundrisse des Schwimmbades, der Lagerhäuser und der Kirche anschauen kannst. Man kann erkennen, dass sie teilweise genau übereinanderliegen. Stell dir den Kirchenraum etwas niedriger und einfacher vor, schon hast du einen Eindruck von einem römischen Lagerhaus.

Wenn man aus der Kirche hinaustritt, gibt es in der Häuserzeile gegenüber dem Kirchenportal einen

Der Alter Markt ist entstanden, weil ein Rheinarm vor etwa 1 900 Jahren zugeschüttet wurde. Wo früher Wasser war, kann man heute spazieren gehen und Eis essen.

schmalen Durchgang, durch den du zu einem großen Platz kommst.

Der Alter Markt

Du erinnerst dich an die Hafeninsel, auf der du angeblich gerade gewesen sein sollst? Aber ringsumher gibt es gar kein Wasser! Kein Wunder! Den Rheinarm, der die Hafeninsel früher von der Stadt trennte, gibt es heute nicht mehr. Am Ende des 1. Jahrhunderts hat man ihn einfach zugeschüttet. Die Schiffe legen seitdem, wie heute noch, am Ufer des anderen Rheinarmes an. Trotzdem erinnert noch etwas an ihn: der Alter Markt. Der Platz ist sehr lang und relativ schmal, denn dort, wo vor langer Zeit der Rhein floss, haben die Menschen im Mittelalter diesen Platz angelegt. Zur Römerzeit hättest du an dieser Stelle also tief im Rheinwasser gestanden.

?

Auf dem Stadtplan ist der zweite Rheinarm farbig eingezeichnet. Er verlief von der heutigen Severinsbrücke an der römischen Stadtmauer entlang über den Alter Markt und floss am Dom wieder mit dem anderen Rheinarm zusammen. Neben dem Ratsturm gibt es eine Treppe – geh bis zur Hälfte hinauf. Warum hier eine Treppe ist? Genau, weil der Rheinarm ja tiefer lag als das Gelände der römischen Stadt. Der Höhenunterschied ist heute noch vorhanden.

Am Ratsturm: Agrippina

Du hast nun schon einiges erfahren über die Gründung der Stadt Köln durch die germanischen Ubier und die Römer. Bis zum Jahre 50 n. Chr. war das *Oppidum Ubiorum* eine mehr oder weniger unbedeutende Siedlung an der Grenze des Römischen Reiches. Ihr Aufstieg zu einer der bedeutendsten römischen Städte hängt mit einer einzigen Frau zusammen: Agrippina. Eine moderne Figur von ihr steht in der untersten Reihe am Ratsturm.

Agrippina wurde im Jahre 15 oder 16 n. Chr. im *Oppidum Ubiorum* geboren. Sie entstammte einer der wichtigsten Familien im Römischen Reich, denn sie war die Urenkelin des römischen Kaisers Augustus. Noch als kleines Mädchen ging Agrippina mit ihrer Familie nach Rom. Nach dem Tode des Tiberius 37 n. Chr. wurde Agrippinas Bruder Caligula römischer Kaiser. Er liebte seine Schwester und machte Agrippina zu einer reichen und mächtigen Frau. Doch Caligula wurde verrückt. Er ernannte sein Lieblingspferd zu einem der wichtigsten römischen

Die Figur Agrippinas am Ratsturm. Als Kaiserin sorgte sie für die Stadterhebung Kölns. Vier Jahre später vergiftete sie ihren Mann Claudius, weil sie noch mehr Macht besitzen wollte. Sie sorgte dafür, dass ihr 17-jähriger Sohn Nero den Thron bestieg. Als Mutter des jungen Kaisers war Agrippina einige Jahre die mächtigste Person im Römischen Reich.

Zurzeit können die Figuren am Ratsturm leider nicht angeschaut werden. Sie wurden abgenommen, um sie zu schützen beziehungsweise neu anzufertigen. Die Abbildungen auf Seite 11 und 27 zeigen aber schön, wie sie ausgesehen haben.

Beamten, zum Konsul. Vielen war nun klar, dass Rom einen anderen Kaiser brauchte. So wurde Caligula im Jahr 41 n. Chr. ermordet. Agrippinas Onkel Claudius bestieg daraufhin den Kaiserthron. Agrippina selbst hatte inzwischen zwei Mal geheiratet. Ihre Ehemänner waren aber in beiden Fällen früh gestorben. Um noch mehr Macht und Einfluss zu erwerben, heiratete sie 49 n. Chr. ihren Onkel Claudius und wurde Kaiserin. Eigentlich waren Frauen im Römischen Reich unbedeutend, sogar die Kaiserinnen. Bei Agrippina war dies allerdings anders. Sie besaß großen Einfluss und brachte ihren Mann Claudius dazu, ihrem Geburtsort, dem *Oppidum Ubiorum*, die römischen Stadtrechte zu verleihen. Seit 50 n. Chr. hieß die Stadt am Rhein daher *Colonia Claudia Ara Agrippinensium (CCAA)*. Das Wort **Agrippinensium** zeigte nun der ganzen Welt, dass dies **die Stadt der Kaiserin** Agrippina

COLONIA CLA\
DAS RÖMIS

war. (Nun weißt du auch, warum das Buch diesen Titel bekommen hat.) Nach dem Tod des Claudius wurde Agrippinas Sohn Nero neuer Kaiser. Weil seine Mutter ihm zu mächtig wurde, ließ Nero Agrippina im Jahre 59 n. Chr. ermorden. Der Name Agrippinas aber lebte im Namen der Stadt Köln noch Jahrhunderte weiter.

Zur Zeit der Römer war die Stadt Köln mit einer starken Mauer umgeben. Eine feste Brücke führte seit dem 4. Jahrhundert über den Rhein. Auf der anderen Seite lag ein großes Heerlager, das Deutzer Kastell. Im Hintergrund erkennt man die Wasserleitung, die von den Hügeln auf die Stadt zuläuft.

In den Einzelheiten gibt dieses Bild eine Vorstellung, wie es ausgesehen haben könnte. Ganz genau weiß man aber nicht.

?

Angeblich hatte Nero im Jahre 64 n. Chr. die Stadt Rom in Brand stecken lassen. Wenn du dir Agrippina anschaust, ist Nero ebenfalls zu sehen. Entdeckst du ihn? Was hält er in seiner Hand?

Aus welchem Bestandteil des römischen Namens ist wohl der Name „Köln" später entstanden?

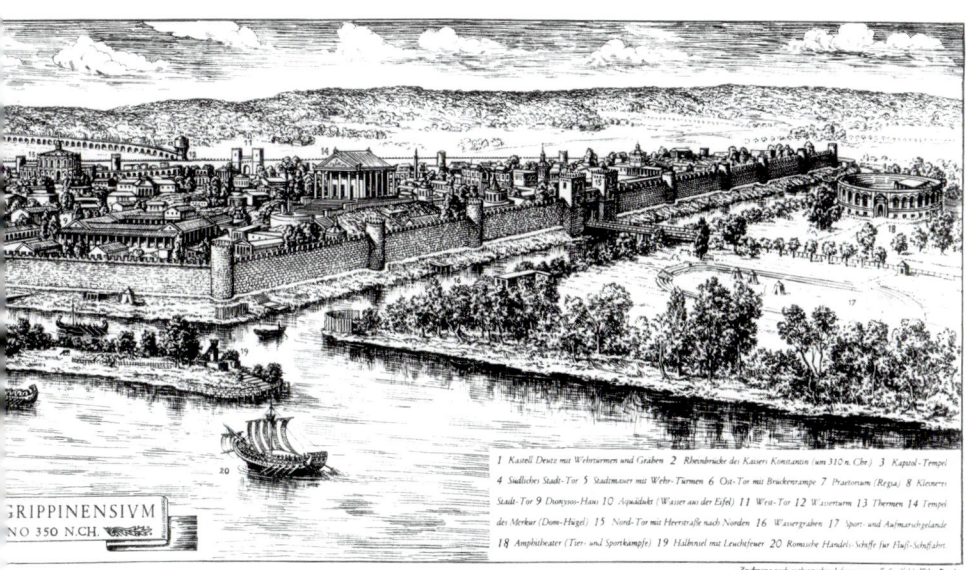

GRIPPINENSIVM
NO 350 N.CH.

1 Kastell Deutz mit Wehrtürmen und Graben 2 Rheinbrücke des Kaisers Konstantin (um 310 n. Chr.) 3 Kapitol-Tempel 4 Südliches Stadt-Tor 5 Stadtmauer mit Wehr-Türmen 6 Ost-Tor mit Brückenrampe 7 Praetorium (Regia) 8 Kleineres Stadt-Tor 9 Dionysos-Haus 10 Aquädukt (Wasser aus der Eifel) 11 West-Tor 12 Wasserturm 13 Thermen 14 Tempel des Merkur (Dom-Hügel) 15 Nord-Tor mit Heerstraße nach Norden 16 Wassergraben 17 Sport- und Aufmarschgelände 18 Amphitheater (Tier- und Sportkämpfe) 19 Hafeninsel mit Leuchtfeuer 20 Römische Handels-Schiffe für Fluß-Schiffahrt

Zeichnung nach authentischen Informationen E. Saalfeld, Köln-Deutz

13

Die römische Straße

Gehe nun die Treppe weiter hinauf und oben nach rechts in Richtung Dom. An der Kreuzung mit der Straße Am Hof halte dich rechts und gehe, in einem Bogen an der Einfahrt ins Parkhaus Groß St. Martin vorbei, am Hotel „Sofitel" über die Straße und dann geradeaus. Schon von weitem erkennt man das ungewohnte Straßenpflaster und sieht meistens Leute, die sich etwas unsicher darauf bewegen. Bestimmt ist dir schon klar, dass das etwas Römisches sein muss.

Dieser römische Wagen steht im Römisch-Germanischen Museum. Er ist eine Rekonstruktion, das heißt, er stammt nicht aus der Römerzeit, sondern ist später nachgebaut worden. Nur die Metall- und Bronzeteile sind original.

Richtig, es ist eine römische Straße. Wie gut es sich auf solchen Straßen läuft, kannst du nun selbst ausprobieren.

Laufe doch selber einmal vorsichtig die Straße hinauf.

Etwas holprig, oder? Konnten die Römer keine vernünftigen Straßen bauen? Aber sicher: Die römischen Bauleute waren sogar sehr gute Straßenbauer. Aber: Zur Römerzeit sah die Straße nicht so aus! 1969 hat man die Reste der Römerstraße hier in der Nähe gefunden. Dort, wo sie ursprünglich lag, wurde jedoch ein Parkhaus gebaut. Also suchte man einen neuen Ort für sie. Die Steine wurden ausgegraben und etwas später an dieser Stelle wieder verlegt. Dabei ordnete man die Steine aber nicht wieder so an, wie man sie vorher gefunden hatte. So sind große Lücken zwischen den Steinen und Unebenheiten entstanden, die heute das Laufen auf der Straße so schwierig und Fahren fast unmöglich machen.

Wohin führte die Straße wohl? Wenn du in die Richtung schaust, aus der du gekommen bist, erkennst du vielleicht zwischen den Bäumen den Rhein. Nun dürfte klar sein, wohin man gelangte, wenn man aus der Stadt heraus der Straße folgte, oder?

Die großen Steinblöcke der Römerstraße liegen heute anders als zur Römerzeit. Die römische Straße hatte schmalere Fugen und eine glatte Oberfläche. Man konnte damals viel bequemer auf ihr gehen und fahren als heute.

? Schlage einen Namen für die Straße vor. In der Nähe sind Tafeln. Dort kannst du deinen Vorschlag mit dem „offiziellen" Namen der Straße vergleichen.

Tour 2
Colonia macht sich stark – entlang der Stadtmauer

Das römische Nordtor

Diese Tour beginnt direkt vor dem Dom. Schon von ferne erkennst du den steinernen Bogen, der seitlich vor dem Dom steht. Richtig, der Bogen ist römisch. Er stand dort früher natürlich nicht so allein in der Landschaft, sondern gehörte zu einem großen Bauwerk, zu einem der Stadttore.

Die römische Stadt Köln lag am Rhein und damit an der Grenze des Römischen Reiches. Auf der anderen Seite des Flusses lebten die Germanen, von denen bei Weitem nicht alle so freundlich zu den Römern waren wie der Stamm der Ubier. Also musste die Stadt vor Feinden geschützt werden. Zu diesem Zweck baute man nach der Erhebung des *Oppidum Ubiorum* zur Colonia (siehe Tour 1) ab 50 n. Chr. eine Stadtmauer um die Stadt. Vor dem Torbogen ist eine Bronzeplatte im Boden eingelassen.

Auf der Bronzeplatte siehst du den Verlauf der römischen Stadtmauer. Immer dort, wo sich in Köln Reste der Stadtmauer erhalten haben, sind solche Bronzetafeln angebracht. Ein großer Nagel zeigt dir an, wo du dich befindest.

Bild links:
Die gesamte Toranlage des Nordtores war etwa 30 Meter breit. Am Mittelbogen hatten die Römer in großen Buchstaben CCAA eingemeißelt. Er ist heute im Römisch-Germanischen Museum ausgestellt. Hier, an diesem Bogen, ist auf der linken Seite sogar noch die Rinne zu sehen, in der das Fallgitter nach unten gelassen wurde, um das Tor zu verschließen.

?

Zähle die Türme und Tore. Welche Form bildet die Stadtmauer ungefähr? Wenn alle Seiten zusammen vier Kilometer lang waren, wie lang war eine Seite der Mauer etwa?

Du stehst jetzt genau dort, wo früher das nördliche Tor der Stadtmauer gestanden hat. Ging man damals durch den Bogen hindurch in Richtung der Bänke, verließ man die römische Stadt. Die römische Stadt war ja viel kleiner als Köln heute. Links an der Wand zeigt dir eine Zeichnung, wie das Nordtor einmal ausgesehen hat. Es gab drei Bögen: einen großen für die Wagen und Karren und zwei kleine für die Fußgänger.

Welcher der drei ist wohl der Bogen, der vor dir steht?
Hast du Lust, eine eigene kleine „Rekonstruktionszeichnung" des Nordtores anzufertigen? Vielleicht machst du nur eine Skizze und zeichnest zu Hause mit Lineal und möglicherweise auch Zirkel.

Im Parkhaus am Dom hat sich vor dem Rest der Stadtmauer ein kleiner Schacht erhalten. Durch ihn soll der Kölner Erzbischof Anno 1074 vor wütenden Kölner Bürgern aus der Stadt geflohen sein. Dieser Gang, der Anno vermutlich das Leben rettete, heißt seit seiner Wiederentdeckung 1949 Anno-Stollen.

Das Fundament des Nordtores im Parkhaus

Wenn du die Stufen hinunter und rechts um die Ecke gehst, gelangst du zum Eingang in ein Parkhaus. Auch wenn das ungewöhnlich klingt, aber die Tour geht tatsächlich im Parkhaus weiter, denn dort findest du weitere römische Mauerreste. Bei ihnen handelt es sich um die Fundamente, also die Grundmauern der Stadtmauer und des Stadttores, und ein Stück der Mauer mit Sockel. Wenn man sich die dicken Mauern anschaut, kann man erahnen, was für ein beeindruckendes Bauwerk die Stadtmauer einmal gewesen sein muss. Diese Reste befinden sich heute noch genau dort, wo sie von den Römern errichtet wurden. Daran kannst du erkennen, dass die römische Stadt vier Meter tiefer lag als die heutige Stadt. Das liegt daran, dass neue Gebäude immer wieder auf den Grundmauern und dem Schutt der alten Gebäude errichtet wurden. So stieg das Gelände langsam an. Das erklärt auch, warum man in der Regel die Reste vergangener Zeiten nur findet, wenn man in der Erde gräbt.

Reste der Stadtmauer in der Komödienstraße

In der Komödienstraße musst du die Augen offen halten, denn wir suchen nach weiteren Bronzeplatten im Pflaster, die auf Reste der Stadtmauer hinweisen. Die nächste Platte erreichst du nach wenigen Metern. Aber was soll denn an dieser Stelle von der römischen Stadtmauer übrig sein? Schau dich doch mal um.

Der große Nagel auf der Platte zeigt an, dass sich hier in der Nähe früher ein Turm der Stadtmauer befunden haben muss. Der runde Turm des Hauses neben dir ist oben herum natürlich nicht römisch. Aber er steht noch auf römischen Fundamenten. Am Untergeschoss kannst du es erkennen. Wenn du dir den Turm nun aus römischem Mauerwerk, natürlich ohne Fenster und nicht ganz so hoch vorstellst, hast du schon ein Bild eines Stadtmauerturmes im Kopf.

Nur etwas weiter die Straße hinunter stehst du wieder vor Resten der Stadtmauer. An dieser Stelle kann man gut sehen, wie die Römer die Stadtmauer gebaut haben. Die Außenwände sind schön und regelmäßig aus behauenen Steinen gemauert. In der Mitte sieht es allerdings aus wie Kraut und Rüben. Die eigenartige Füllung der Mauerschalen mit einer Mischung aus Beton und Bruchsteinen war sehr stabil, damit die Mauer im Notfall auch den feindlichen Angriffen standhielt. Die Römer nannten eine solche Füllung *opus caementicium*. Sie hatten festgestellt, dass eine solche Mauer aus behauenen Steinen und *opus caementicium* viel widerstandsfähiger war als normales Mauerwerk. Selbst mit unseren modernen Maschinen ist es oft schwer, eine solche Mauer abzureißen.

Ein moderner Turm auf römischen Grundmauern. Schaut man in den Eingang des Hotels, kann man sehen, wie dick die Wände eines solchen Turmes waren. An der Tür hat die Wand eine Stärke von 2,40 Metern!

Das Innere der Mauer besteht aus *opus caementicium.*

?

Am Lysolphturm bekommst du einen Eindruck davon, wie gewaltig die Stadtbefestigung mit Türmen und Toren einmal gewesen sein muss. Die Mauer war fast acht Meter hoch. Also noch um einiges höher als der Mauerrest vor dir. Das Fundament, auf dem die Mauer stand, reichte drei Meter tief in die Erde.

An der Ecke überquere die Straße am Zebrastreifen. Einige Stufen führen dich erneut zu Resten der Stadtmauer. Der Turm heißt Lysolphturm, weil im Mittelalter ein Mann namens Lysolph dort wohnte. Die runden Türme standen auf rechteckigen Fundamenten. Dieser Turm und der dazugehörige Rest der Mauer wurden im Laufe der Zeit verschüttet. Daher sind sie nicht abgebrochen worden und noch so gut erhalten. Sind dir schon die Löcher aufgefallen, die auf halber Höhe im Turm und in der Mauer zu sehen sind? Sie dienten dazu, ein Gerüst zu befestigen.

Mauerreste in der Rückwand des Zeughauses

Wenn du oben an der Fußgängerampel die Tunis-straße überquerst und anschließend rechts über die Straße Burgmauer gehst, gelangst du an das Zeug-haus, das man durch seine rot-weißen Fensterläden gut erkennen kann. Die lange Rückwand des Hauses ist an der Seite zur Straße auf die Reste der römi-schen Stadtmauer gebaut worden. Man sieht deut-lich das *opus caementicium*, wenn man von der Seite darauf blickt. Die Außenwand des Zeughauses macht an dieser Stelle einen Knick und wird unten breiter.

Das Zeughaus war, nachdem es 1594–1606 errichtet wor-den war, das Waffenlager der Stadt. Hier lagerten die Bür-ger Kölns ihr Kriegszeug. Daher stammt sein Name. In diesem Gebäude ist heute das Kölnische Stadtmuseum zu Hause.

?

Warum hat man die Stadtmauer im Mittel-alter nicht abgebrochen, sondern das Zeughaus auf deren Reste gebaut?

Gehe an der langen Fassade des Zeughauses entlang und folge der Straße noch ein wenig. Hin und wieder entdeckst du römisches Mauerwerk zwischen den roten Ziegelsteinen. Bereits nach wenigen Metern kommst du an ein weiteres, etwa 90 Meter langes Stück Stadtmauer, das noch etwa drei Meter hoch erhalten ist. Im Mittelalter war hier ein Friedhof und man hat auf die römischen Mauerreste, ähnlich wie am Zeughaus, eine kleine Kirche gebaut. Heute ist weder vom Friedhof noch von der Kirche auch nur irgendetwas zu sehen. Allein das Stück Stadtmauer hat die Zeit überdauert.

Auch bei diesem Mauerrest kann man die Füllung aus *opus caementicium* noch gut erkennen. Weil die römische Stadtmauer so stabil ist, ist sie an einigen Stellen noch gut erhalten, wie hier zwischen der Burgmauer und der Zeughausstraße.

Der Römerturm

Am Ende des Bürgersteigs musst du links die Fußgängerampel überqueren und dich anschließend rechts über die nächste Fußgängerampel und die Straße Auf dem Berlich bewegen. Gehst du nun geradeaus weiter, siehst du den großen Turm der Stadtmauer, der heute in ein anderes Gebäude eingebaut ist. Dieser Turm hat sich bis heute fast unverändert erhalten. Er war einer der Ecktürme der Stadtmauer, wie du auf der Bronzetafel sehen kannst. An dieser Stelle bog die Mauer nach Süden ab. Vielleicht war er deshalb besonders geschmückt. Die farbigen Verzierungen sind jedenfalls sehr auffällig. Nur die Zinnen musst du dir wegdenken. Die hatte er zur Römerzeit noch nicht.

?

Zeichne den Turm mit einigen Verzierungen ab. Welche Formen kommen vor?

Nun stell dir einmal vor, wie erstaunt die Germanen damals gewesen sein müssen, wenn sie sich der Stadt näherten: Die Mauer war nicht nur unüberwindbar, sondern auch noch schön. Ähnlich aufregend müssen ihnen auch die befestigten Straßen, die imposanten steinernen Gebäude, die Wasserleitungen und Kanalanlagen, vor allem aber die Römer selbst mit ihrer Kleidung und Lebensweise vorgekommen sein. Davon erfährst du noch einiges auf den nächsten Touren. Oder hast du immer noch nicht genug von Mauern und Türmen? Eine Seite der Stadtmauer bist du schon abgelaufen. Es gibt aber noch mehr zu sehen, nur sind die Wege zwischen den Resten nun relativ weit. Du kannst hier aufhören und nach Lust und Laune mit einer anderen Tour weitermachen. Willst du die anderen Reste auch noch aufzuspüren, schlage hinten im Buch auf Seite 45 nach.

Der römische Turm war im Mittelalter Teil des Klarissenklosters. Die Nonnen hatten dort so etwas wie Toiletten. Keine schöne Nutzung für so ein aufwendig verziertes römisches Bauwerk. Heute gehört der Turm zu dem dahinter liegenden Haus mit der Galerie.

Tour 3

Listig, tapfer und praktisch – was die Römer anstellten

Marsilius – der listige Römer

Los geht's am Gürzenich, Ecke Martinstraße. Der Gürzenich ist zwar auch schon über 500 Jahre alt, aber er ist kein römisches Gebäude, sondern stammt aus dem Mittelalter. An seiner Fassade steht rechts die Figur des Marsilius. Er ist die Hauptperson einer schönen Sage aus der Zeit, als Köln eine römische Stadt war.

Nero war römischer Kaiser und der Sohn von Agrippina (siehe Tour 1). Als er starb, gab es im Römischen Reich vier Männer, die sein Nachfolger werden wollten. Einer dieser Männer kam aus Köln. Er hieß Vitellius und war Statthalter, also Vertreter des Kaisers. Bei seinen Soldaten war er sehr beliebt, die Bürger Kölns allerdings waren von Vitellius gar nicht begeistert. Er kümmere sich viel mehr um seine Soldaten als um die einfachen Leute, warfen sie ihm vor. Als Vitellius von Köln aus Richtung Rom zog, um den Kaiserthron zu besteigen, machten die Bürger Kölns ihrem Ärger Luft und stellten sich offen gegen ihn. Vitellius hörte dies, kehrte um und ließ die Stadt belagern. Nun waren die Kölner in ihrer eigenen Stadt eingeschlossen. Das Kommando in der Stadt übernahm ein junger Hauptmann namens Marsilius. Die Stadt war zwar gut versorgt, doch die Soldaten

An der Fassade des Gürzenich stehen zwei Figuren, die auf den ersten Blick wie Ritter aussehen. Sie waren zwar beide eigentlich römische Soldaten, aber die Leute im Mittelalter stellten sich Soldaten eben grundsätzlich in Ritterrüstung vor. Dieser „Ritter" hier heißt Marsilius, der andere Agrippa.

Der Gürzenich (1441–1447 errichtet) war eigentlich ein Fest- und Tanzhaus. Später wurden hier Eisenwaren verkauft. Heute finden in seinem Saal verschiedene Veranstaltungen und Konzerte statt.

des Vitellius hatten Geduld und warteten darauf, dass die Vorräte zu Ende gingen und die Kölner sich ergeben mussten.

Als eines Tages der Holzvorrat für die großen Wachfeuer auf der Stadtmauer zu Ende ging, kam Marsilius die entscheidende Idee, wie die Stadt gerettet werden könnte: Er ließ alle Frauen der Stadt zusammenrufen. Auf Marsilius' Anweisung hin legten sie Rüstungen an und sahen nun aus wie gewöhnliche Soldaten. Marsilius erklärte ihnen seinen Plan: „Die Frauen sollen einen Ausbruch aus der Stadt in ein nahe gelegenes Wäldchen machen, so als wollten sie neues Holz für die Wachfeuer holen. Die Truppen des Vitellius werden sie für Soldaten halten und mit Sicherheit verfolgen. Die Männer brechen aus der Stadt aus, sobald Vitellius seine Truppen hinter den Frauen hergeschickt hat."

Marsilius Plan ging auf. Die Legionäre des Vitellius verfolgten die Frauen in Richtung Wald. Als die Männer plötzlich im Rücken der Legionäre auftauchten, waren diese völlig verdutzt und ergaben sich der Übermacht. Wie groß muss die Überraschung für Vitellius und seine Soldaten gewesen sein, als unter den Rüstungen der ersten Gruppe lauter Frauen zum Vorschein kamen. Marsilius hatte dank einer List die Stadt gerettet – und dank der vielen mutigen Kölner Frauen.

Am Ratsturm: Agrippa und die Gründung Kölns

Nun machen wir uns auf zum Ratsturm. Gehe die Treppe hinter dem Ratsturm zur Hälfte hinunter und suche in der untersten Reihe die Figur von Agrippa. Er war der Großvater von Agrippina. Und wie Agrippina hatte auch Agrippa eine enge Beziehung zu Köln, oder

dem *Oppidum Ubiorum*, wie es damals noch hieß. Genau genommen war er an der Gründung und dem Ausbau dieser Siedlung nicht ganz unbeteiligt.

Agrippa entstammte einer einfachen Familie. Doch er verfügte über viele Talente. Er war ein großartiger Feldherr und verwaltete das eroberte Gebiet klug. Als Statthalter des Kaisers ließ er in Gallien und Germanien nach der Eroberung neue Straßen anlegen und machte die unterworfenen Menschen zu Bundesgenossen Roms. Die Ubier, die sich den Römern gegenüber freundlich verhielten, durften auf dem linken Rheinufer siedeln. So entstand dann wahrscheinlich bereits 20/19 v. Chr. an dieser Stelle eine Siedlung, der Ursprung des *Oppidum Ubiorum*. Agrippa ließ die Siedlung am Rhein stetig ausbauen. Aus ihr ging dann, wie du weißt, später die Stadt Köln hervor. Daher wird Agrippa oft als Gründer der Stadt genannt, obwohl man aus dieser Zeit wenig Nachrichten über ihn und das *Oppidum Ubiorum* hat. Berühmt wurde Agrippa aber wegen seiner Freundschaft zu einem Mann namens Octavian. Nach dem Tod Julius Caesars war Octavian einer der Männer, die neuer Herrscher werden wollten. Es gab aber noch andere Interessenten. Wie gute Freunde nun einmal sind, half Agrippa dem Octavian. Gemeinsam besiegten sie nach und nach alle Gegner. Octavian wurde der erste Kaiser des Römischen Reiches und gab sich einen neuen Namen: Augustus. Unter seiner Herrschaft blühte das Römische Reich auf.

Agrippa half seinem Freund Augustus, römischer Kaiser zu werden. Als Belohnung für seine Hilfe wurde Agrippa nach dem Kaiser der zweitmächtigste Mann des Römischen Reiches.

Wie es sich für gute Freunde gehört, stehen sie am Ratsturm direkt nebeneinander.

AGRIPPA AVGVSTVS

Welchen Eindruck machen die Figuren von Agrippa und Augustus auf dich, wenn du sie miteinander vergleichst?
Warum sind die Figuren so verschieden?

Das Prätorium und der römische Abwasserkanal gehören zur Archäologischen Zone, die bis 2010 unter dem Rathausplatz entsteht. Man kann sie bereits besuchen: Di–So 10–17 Uhr, Tel. 0221/221-223 94.

Das Modell des Prätoriums steht mitten in den Resten des Palastes. Deutlich erkennt man die lange Galerie in der Mitte mit dem achteckigen Turm und den großen Hallen rechts und links.

Das Prätorium

Die Treppe wieder hinauf und rechts in die Bürgerstraße, an der Kreuzung links – schon gelangst du zum Eingang des Prätoriums. Etwa 90 n. Chr. wurde Köln Hauptstadt der römischen Provinz Niedergermanien. In den Hauptstädten der verschiedenen Gebiete des Römischen Reiches, den sogenannten Provinzen, gab es Vertreter des Kaisers. Man nannte sie Statthalter. Der Palast, wo ein Statthalter lebte und arbeitete, hieß *praetorium*. Die Reste des Prätoriums in Köln kann man hier anschauen.

Die im Eingangsraum ausgestellten Dinge kennst du schon von anderen Stationen. Auf dem großen Plan in der Mitte des Raumes ist die römische Stadtmauer in ein modernes Luftbild der Stadt Köln eingezeichnet. Du siehst, wo sie früher stand. Findest du den Dom? Die Mauer verlief direkt neben, ja teilweise sogar unter ihm. Doch den Dom gab es zur Römerzeit noch nicht. Die Tafeln links zeigen dir, wie sich der Bau des Prätoriums im Laufe der Zeit verändert hat. Nach mehreren Umbauten und Erweiterungen erhielt der Palast etwa um 400 n. Chr. seine letzte Form.

?

Wie viele verschiedene Formen des Prätoriums gab es im Laufe der Zeit?

Wenn du jetzt rechts durch die Glastüre gehst, so betrittst du einen Raum, der wie eine Art Höhle aussieht. Überall sieht man Reste von Mauern und Fundamenten, die zum Prätorium gehörten. Rechts steht ein Modell des Gebäudes.

?

Kannst du erkennen, zu welcher Abbildung auf den Tafeln das Modell gehört?

Dieser Bau bestand aus einer langen Halle mit vielen Fenstern, der sogenannten Porticus-Galerie. Am rechten und linken Ende befanden sich zwei Hallen. In der Mitte erhob sich ein großer achteckiger Turm, das sogenannte Oktogon. Der Name leitet sich vom griechischen Wort *okto* für die Zahl Acht ab. Wenn du dir die Steinreste anschaust und sie mit dem Modell vergleichst, stellst du fest, dass du im Moment vor den Resten der rechten Halle stehst. Weiter links kannst du sehen, was von der langen Mauer der Galerie übrig geblieben ist. Erkennst du die vorspringenden Pfeiler in regelmäßigen Abständen? Die Fenster sind natürlich nicht mehr zu sehen, weil nur der untere Teil der Mauern erhalten ist.

Nach ein paar Metern gelangst du an die Reste des Oktogons, des achteckigen Turmes, der dort in der Mitte

Blick in das Oktogon, das die Mitte des Stadthalterpalastes markierte. Es war aus dicken Steinquadern errichtet, die einfach – ohne Mörtel – aufeinander geschichtet wurden. Heute überdeckt eine moderne Betondecke wie eine Höhle die Reste des Prätoriums.

des Gebäudes aufragte. Die Grundmauern sind innen rund und außen eckig. Damit der Maurer damals wusste, wo die nächste Ecke gemauert werden sollte, hat der Architekt an diese Stellen ein X in den Stein geritzt. Schau an den Ecken nach, ob du solche Zeichen finden kannst.

Wenn du weitergehst, siehst du weitere Mauer- und Steinreste, die ebenfalls vom Prätorium stammen. Es ist schwer zu erkennen, wie sie zueinandergehören, weil sie von verschiedenen Bauteilen aus unterschiedlichen Zeiten stammen. An der Glastüre ist unser Besuch aber noch lange nicht zu Ende. Gehe noch einmal an der Kasse vorbei in den Vorraum. Direkt links gibt es eine Türe. Einige Stufen führen hinab zu einem modernen Gang. Nach ein paar Metern öffnet sich aber ein weiterer Gang, der viel älter ist und tatsächlich von den Römern stammt. Ob das ein unterirdischer Fluchtweg aus dem Prätorium war oder ein Geheimgang, der das Prätorium mit einem anderen Gebäude verband?

Nun, wenn man ehrlich ist, gehen konnte man in diesem Gang damals nicht sehr gut. Denn in ihm floss Wasser und es stank fürchterlich. Du stehst nämlich gerade mitten in einem römischen Abwasserkanal. Nur gut, dass er heute nicht mehr in Betrieb ist. Du merkst aber schon, dass die Römer anscheinend über ein gutes System verfügten, das schmutzige Wasser zu entsorgen.

Das Ende des Ganges ist kaum zu erkennen. Er ist insgesamt 140 Meter lang und durch das Gewölbe so hoch, dass man bequem darin spazieren gehen kann. Laufe den Gang hinunter und steige die kleine Treppe bis zur Plattform hoch. Hier ist der römische Abwasserkanal unterbrochen worden, weil eine moderne Wasserleitung den alten römischen

Kanal kreuzt. Man musste daher ein Stück des alten Kanals herausbrechen. Genau unter dir verläuft also die heutige Abwasserleitung. Nun kannst du aber den Weg bis ans Ende des römischen Kanals fortsetzen. Zurück an die frische Luft geht es durch das Prätorium.

Die Wasserleitung am Museum für Angewandte Kunst

Am Ausgang des Prätoriums musst du dich links halten und die Kleine Budengasse entlang laufen. An der nächsten Kreuzung siehst du das Stück des Abwasserkanals, das wegen des modernen Kanals herausgebrochen werden musste. Hier hat es einen neuen Platz gefunden. Gehe nun durch die Große Budengasse und weiter geradeaus, bis du an die Minoritenkirche gelangst. Hinter der Kirche rechts kommst du zu einer kleinen Grünanlage. Dort findest du einen römischen Rest, der auch mit Wasser zu tun hat, allerdings mit sauberem Wasser.

Du stehst vor dem Stück einer Wasserleitung, die zur Römerzeit frisches Quellwasser nach Köln brachte. In den ersten Jahren nach der Gründung des *Oppidum Ubiorum* haben die Römer Quellwasser aus der Gegend um Hürth in die Stadt geleitet. Doch bald nach der Erhebung der Stadt zur *Colonia* wurde ein neues Wassersystem gebaut. Über eine

Eine Wasserleitung von fast 100 Kilometern Länge lieferte frisches Wasser in die Stadt. Sie war aus *opus caementicium* (siehe Tour 2). Ein kleines Gewölbe aus behauenen Steinen schloss sie nach oben als Schutz vor Verunreinigung ab. Fast 70 Zentimeter hoch waren die Röhren mit wasserfestem Mörtel ausgekleidet.

Diese Zeichnung ermöglicht einen Blick auf das römische Köln aus der Vogelperspektive. Man kann gut erkennen, dass die Stadt durch die Straßen in rechteckige Felder mit Häusern und Gebäuden eingeteilt wurde. Ein solches Feld nannten die Römer *insula*.

Strecke von 94,5 Kilometern haben die Römer sauberes Wasser aus Urft in der Eifel nach Köln fließen lassen. Und das nur durch Gefälle – ohne Pumpen! Eine gewaltige Leistung. Die Wasserleitung verlief meist unterirdisch. An einigen Stellen wurden sogar Brücken gebaut (Aquädukte), die die Wasserleitung über Täler hinwegführten. In der Nähe des Neumarkts floss das Wasser in ein großes Verteilerbecken und von dort weiter zu den öffentlichen Zapfstellen und den Bädern (Thermen). Nur sehr wenige Häuser besaßen einen eigenen Wasseranschluss. Als die Wasserleitung nicht mehr funktionierte, wurde sie an vielen Stellen abgebrochen, weil man das Steinmaterial für andere Gebäude verwenden wollte (siehe Abb. S. 12/13).

Der Römerbrunnen

Auch die nächste Station hat mit Wasser zu tun. Wir gehen bis zur Straße, überqueren die Kreuzung und biegen in die Mariengartenstraße ein. Dort, wo die Straße einen Knick macht, musst du links die Treppe hinuntergehen. Anschließend müssen die Tunisstraße und dann rechts die Straße Burgmauer überquert werden. Die Burgmauer gehst du links hinauf und gelangst nach einigen Metern an eine Säule und einen Brunnen. Das ist der Römerbrunnen. Schaue ihn dir erst mal von allen Seiten an.

Man erkennt sofort, dass der Brunnen etwas mit den Römern zu tun haben muss. Mittlerweile hast du wahrscheinlich auch schon ein Gespür für solche Dinge. Hier muss man aber aufpassen. Der Brunnen stammt nicht aus der Römerzeit, sondern aus dem Jahr 1915 beziehungsweise aus der Nachkriegszeit, als er so wieder aufgebaut wurde. Er soll an die Römer in Köln und den Ursprung der Stadt erinnern.

Die Tierfigur auf der Säule des Römerbrunnens erinnert an die Geschichte von der Gründung Roms durch Romulus und Remus.

3

Ein Legionär verabschiedet seine Familie, um in den Krieg zu ziehen. Die Haartracht der Frau zeigt, dass sie Germanin war.

Die Figur an der Spitze der Säule weist auf die Geschichte von der Gründung der Stadt Rom im Jahre 753 v. Chr. hin. Sie handelt von zwei Brüdern: Romulus und Remus. Ihre Mutter war Rhea Silvia, eine Priesterin. Man setzte die beiden Zwillinge in einem Weidenkorb auf dem Fluss Tiber aus. Der Sage nach fand eine Wölfin die beiden Kinder und säug-te sie. Später zog ein Hirte die Kinder auf. An der Stelle, wo die Kinder von der Wölfin gefunden wor-den waren, gründete Romulus später die Stadt Rom. Mit einem Pflug zog er dort eine Furche, wo die Stadtmauer entstehen sollte. Als sich Remus darüber lustig machte und die Furche übersprang, erschlug Romu-lus seinen Bruder und sagte: „So soll es jedem gehen, der es wagt, diese Mauern zu übersteigen." Die steinernen Bilder links an der Brunnenseite zeigen berühmte Kaiserinnen und Kaiser der Römerzeit.

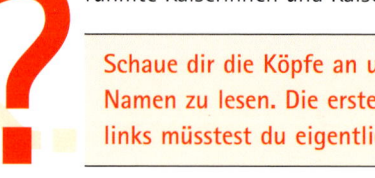

Schaue dir die Köpfe an und versuche, die Namen zu lesen. Die ersten drei Namen von links müsstest du eigentlich schon kennen.

Weiter rechts erkennst du verschiedene Szenen aus dem Leben der Römer. Auf einer Steintafel ist zu sehen, wie ein römischer Legionär von seiner Familie Abschied nimmt.

Wie viele Kinder gehören zur Legionärsfamilie?

Auf einer anderen Steintafel wird ein Schiff auf Rädern zu Ehren der Göttin Minerva durch die Straßen der Stadt gezogen.

St. Gereon – Römische Legionäre opfern sich für die Christen in Köln

Zur letzten Station der dritten Tour ist es nicht weit. Gehe auf dem Bürgersteig die Burgmauer weiter hinunter, bis du zur Kreuzung kommst. Hier hältst du dich rechts und biegst in die Mohrenstraße ein. An der nächsten Ecke führt dich der Weg nach links in die Gereonstraße und nach ein paar Schritten erhebt sich die Kirche St. Gereon vor dir. Gehe in die Kirche hinein, der Eingang ist auf der Rückseite.

Die Kirche St. Gereon ist aus einem römischen Grabbau entstanden und im Mittelalter erweitert worden. Der hohe Kuppelbau hat aber noch römische Gewölbe, die man im Inneren gut sehen kann.

Die Kirche ist dem heiligen Gereon geweiht. Seine Geschichte hat viel mit der Religion der Römer zu tun und mit einer damals ganz neuen Religion – dem Christentum.

Die Römer verehrten verschiedene Götter. Jupiter, Juno und Minerva waren die wichtigsten von ihnen. Man nannte diese drei Gottheiten auch „kapitolinische Trias". Ihr Tempel stand dort, wo die Christen im Mittelalter die Kirche St. Maria im Kapitol erbauten. Vor allem aber war für die Römer auch der Kaiser ein Gott. Man musste ihn verehren und anbeten.

Neben der römischen Religion trat aber schon bald nach dem Tod eines Mannes namens Jesus von Nazareth eine weitere Religion im Römischen Reich auf: das

In einigen Nischen in St. Gereon sieht man noch heute die römischen Gewölbesteine.
In einer Nische links vom Eingang steht ein Säulenstumpf aus Granit. Man nimmt an, dass die sogenannte Blutsäule auch noch ein Rest aus dem Römerbau ist.

Christentum. Aus Jesus von Nazareth wurde Jesus Christus, der Sohn Gottes. Im Christentum ist es nicht erlaubt, mehrere Götter anzubeten – schon gar nicht den Kaiser. Menschen, die im Römischen Reich Christen waren, gerieten daher häufig in Schwierigkeiten. Oft wurden sie verfolgt und getötet. Davon erzählt auch die Geschichte des heiligen Gereon.

Im dritten Jahrhundert schickte der römische Kaiser Diocletian eine Legion dunkelhäutiger ägyptischer Soldaten aus Theben quer durch das Römische Reich an den Rhein, um die Grenze nach Germanien zu sichern. Anführer einer Gruppe von 318 Legionären, die nach Köln kamen, war ein Mann namens Gereon. Der Statthalter des Kaisers, Rictius, wollte die neuen Truppen aber nicht nur gegen die Germanen einsetzen. Er dachte daran, dass diese tapferen Soldaten auch die Christen in der Stadt jagen und töten könnten. Doch als Rictius den eingetroffenen

Legionären seine Befehle erteilte, blickte er in lange Gesichter. Die Soldaten aus Theben waren selbst Christen. Gereon erklärte, dass sie auf gar keinen Fall den Christen in Köln ein Haar krümmen würden. Rictius geriet außer sich vor Wut. Er wollte Gereon und seine Männer zwingen, den Kaiser und die römischen Götter anzubeten. Doch die

Legionäre weigerten sich. Nicht einmal mit Gewalt konnte der Statthalter sie dazu bringen, ihren Gott zu verleugnen. So wurden sie alle vor der Stadt ermordet und ihre toten Körper in einen Brunnen geworfen.

Wenige Jahrzehnte später hatten sich die Verhältnisse geändert. Das Christentum war als Religion im Römischen Reich anerkannt, die Christen wurden nicht mehr länger verfolgt. Kaiser Konstantin war der erste Kaiser, der selbst Christ wurde. Konstantins Mutter, Helena, kam – einer frommen Legende zufolge – nach Köln und hatte die Leichen der Legionäre aus Theben aus dem Brunnen bergen lassen. An der Stelle, wo die Hinrichtung stattgefunden hatte, wurde eine Kirche gebaut. In dieser Kirche befindest du dich gerade. Sie trägt noch heute den Namen des Anführers der christlichen Legionäre – St. Gereon. Sein Sarg steht unter dem Altar in der Krypta.

In der Vorhalle der Kirche liegt eine Bronzeplatte mit dem Grundriss von St. Gereon. Aus der Römerzeit stammt der ovale Mittelteil mit den acht kleinen Nischen.

Ein Blick in die hohe Kuppel der Kirche St. Gereon. Bereits wegen der römischen Kuppel war St. Gereon weit über Köln hinaus berühmt. Die heutige ist aber mittelalterlich.

?

Schau nach oben. Aus wie vielen Feldern besteht die Kuppel der Kirche St. Gereon?

Tour 4

Eine Million bunte Steine erzählen – ein Besuch im Museum

Du hast wahrscheinlich schon festgestellt, dass man bei einem Spaziergang durch die Stadt viele römische Reste entdecken kann. Die größte Sammlung von römischen Funden ist aber im Römisch-Germanischen Museum zu sehen. Deshalb solltest du deine Entdeckungsreise hier unbedingt fortsetzen.

Das Grabmal des Poblicius

Gehe die Treppe hinauf bis zum ersten Treppenabsatz. An der gegenüberliegenden Wand ist ein großes Ausstellungsstück aufgebaut. Vielleicht hast du zuerst gedacht, es handelt sich hier um einen römischen Tempel – aber man könnte ihn nicht betreten. Was du hier siehst, ist ein römisches Grabmal – ein sehr großes Grabmal, zugegeben. Auch schon bei den Römern stand auf den Grabmalen geschrieben, wer dort bestattet war. Ein Teil der Schrift ist noch zu erkennen. Versuche, die ersten Buchstaben zu lesen.

Die Inschrift beginnt mit L•, die Abkürzung für den römischen Vornamen Lucius. Der Nachname lautet POBLICIO. In den folgenden Zeilen steht über Lucius Poblicius Verschiedenes geschrieben. Er wurde im Bezirk Teretina in Süditalien geboren und war ursprünglich Soldat. Dieses Grabmal hat er für sich, seine Tochter Paula und seinen Sohn Modestus er-

Detail des Poblicius-Grabmals. Poblicius war ein römischer Legionär der 5. Legion. Nachdem er aus dem Soldatendienst ausgeschieden war, übte Poblicius später einen Beruf aus, der ihn sehr reich machte. Anders kann man nicht erklären, wie er sich ein so großes Grabmal leisten konnte.

Auf dieser Zeichnung kannst du erkennen, welche Steine des Poblicius-Denkmals aus römischer Zeit sind (grau) und welche erst später ergänzt wurden (weiß).

richten lassen. 1964 hat man verschiedene Steine des zerstörten Grabmals am Chlodwigplatz gefunden. Beim Wiederaufbau (Rekonstruktion) musste man viele fehlende Steinblöcke ergänzen.

Übrigens, als das Grabmal wieder zusammengesetzt wurde, stellte man fest, dass es fast 15 Meter hoch ist. Im Römisch-Germanischen Museum war aber damals kein Raum vorgesehen, der so hoch war, dass man das Grabmal dort hätte aufstellen können. Daher musste man an dieser Stelle das Dach erhöhen – du kannst es an der Fensterleiste oben deutlich erkennen.

Das Dionysos-Mosaik

Einige Meter unter dir ist ein großes Bild zu sehen. Was im ersten Moment wie ein Gemälde oder wie ein großer Teppich aussieht, besteht in Wirklichkeit aus über einer Million Steinen. Ein solches Kunstwerk nennt man Mosaik. Aber wie transportiert man ein solch großes Mosaik in ein Museum? Die Kölner machten es sich hier sehr leicht. Sie ließen das Mosaik liegen und bauten das Museum einfach darüber. Daher liegt das Mosaik so tief: Es befindet sich genau an dem Ort, wo es 1941 gefunden wurde.

Das Dionysos-Mosaik stammt etwa von 230-240 n. Chr. – es war einst der Fußboden einer großen römischen Villa. Vielleicht ahnst du schon, in welchem Raum des Hauses es gelegen hat. Dazu solltest du dir das Bild in der Mitte des Mosaiks genau ansehen. Man erkennt zwei Personen: Die hellhäutige Person ist ein Gott. Er hieß bei den Römern

Dionysos oder auch Bacchus. Du siehst, dass er auf wackeligen Beinen steht und nicht mehr ganz aufrecht gehen kann. Er muss sich auf einen Helfer, einen Satyrn, stützen. Ein Weinbecher ist umgefallen und liegt zu Füßen der beiden Figuren. Du errätst bestimmt schon, warum Dionysos nicht mehr aufrecht gehen kann. Er ist der Gott des Weines und der Lebensfreude. Nun erklärt sich auch, warum die Menschen auf diesen Bildern so gute Laune haben, tanzen und den Dionysos umschwärmen.

Das Dionysos-Mosaik schmückte den Fußboden eines Speisezimmers. Hier haben römische Männer, auf einer Art Sofa liegend, gegessen und getrunken.

Zeichne Buchstaben in die richtigen Felder des Mosaiks ein: D=Dionysos und ein Satyr, M=Menschen, die sich tanzend und musizierend um Dionysos bewegen, F=Früchte, T=Tiere.

Der Torbogen des Nordtores

Gehe nun die Treppe hinauf. Oben rechts fällt dir sofort der große steinerne Bogen auf. Auf ihm stehen die Buchstaben CCAA. Weißt du noch, was CCAA bedeutet? Wenn nicht, schaue auf Seite 12 nach. Er war ein Teil eines Stadttores. Einen der kleinen Torbögen hast

Vor dem rekonstruierten Bogen des Stadttores stehen auf Säulen die steinernen Köpfe des Kaisers Augustus, seiner Frau Livia und der älteren Agrippa, der Mutter der Stadtgründerin.

du bereits bei der Tour 2 vor dem Dom gesehen. Der große Bogen ist ebenfalls erhalten und steht nun vor dir. Durch ihn fuhren die Wagen und Fuhrwerke. Er ist hier aber nicht in der vollen Höhe aufgebaut. Dazu war kein Platz, denn der Bogen war ursprünglich fast neun Meter hoch.

> **Aus wie vielen Steinen besteht der Bogen? Welcher Stein ist nicht mehr original, sondern später ergänzt worden? Mach dir eine Skizze, wenn du magst.**

Direkt hinter dem Torbogen siehst du einen nachgebauten Teil eines Turmes der Stadtmauer. Gehe links vorbei und weiter bis nach hinten.

Der Reisewagen

Du hast in der Tour 1 schon die Bekanntschaft mit einer römischen Straße gemacht. Wir haben uns gefragt, ob römische Wagen auf dieser Straße überhaupt hätten fahren können. Hier im Museum kannst du jetzt einen Eindruck gewinnen, wie so ein römischer Wagen eigentlich ausgesehen hat. Der Wagen ist ganz geschlossen und hat außer der Türöffnung ein Fenster auf der anderen Seite. Auf den Rädern sind Löwenköpfe aus Metall, über ihnen erkennst du auf kleinen Ständern sogenannte Siegesgöttinnen. Auch die Rückseite des Wagens ist mit verschiedenen Figuren geschmückt. Auf der runden Brüstung für den Platz des Kutschers stehen zwei kleine Raubtierfiguren aus Bronze. An der Wand des Wagens sind drei kleine Figuren angebracht. Die Figur in der Mitte stützt sich auf die beiden anderen. Allem Schmuck zum Trotz, so bequem wie heutzutage war das Reisen sicher nicht.

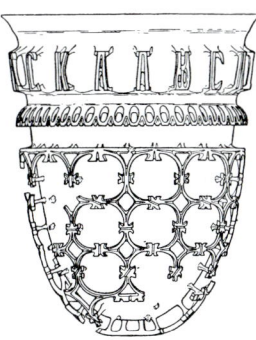

Auf dem Diatretglas ist ein Spruch zu lesen. Die Buchstaben sehen merkwürdig aus, weil es griechische Buchstaben sind. Übersetzt heißt es: „Trinke und lebe schön immerdar."

?

Du hast eine solche Szene vor nicht allzu langer Zeit schon einmal gesehen.
Um wen handelt es sich bei der mittleren Figur?

Das Kölner Diatretglas

Gehe links vom Wagen wieder Richtung Innenhof. Rechts siehst du nach wenigen Metern ein weiteres Mosaik. Auf ihm sind Gelehrte, sogenannte Philosophen, dargestellt. Direkt gegenüber findest du mehrere Vitrinen mit Gegenständen aus Glas. Köln war zur Zeit der Römer besonders für Waren aus Glas und Ton bekannt. Hier kannst du dir anschauen, was Kölner Glasbläser alles hergestellt haben. Zu den kostbarsten Kunstwerken aus Glas gehört das sogenannte Diatretglas (letzte Vitrine, Nr. 19). Es erforderte sehr viel Geschick und vor allem auch sehr viel Zeit, einen solch schön verzierten Glasbecher herzustellen. Ein farbloses Glas musste zu einem Becher geblasen werden. Dann wurde der Becher mit roten, gelben und grünen

Natürlich haben in *Colonia* auch Kinder gelebt und gespielt, etwa mit diesen Reitern auf rollbaren Pferden – die römische Version der Matchbox-Autos.

Römisch-Germanisches Museum, Roncalliplatz 4 50667 Köln Tel.: 0221/221-244 38 und 221-245 90

Öffnungszeiten: Di–So 10–17 Uhr Eintritt: 5,00 € ermäßigt 3,00 €

?

An der Museumskasse gibt es zu verschiedenen Themen Hefte für Kinder mit vielen Informationen und Aufgaben – genau wie in diesem Buch.

Bändern eingewickelt. Die Verzierungen und Buchstaben mussten anschließend aus der dreifarbigen Glasschicht herausgeschliffen werden. Das war eine äußerst schwierige Arbeit! Man hat in Köln verschiedene solcher Becher als Grabbeigaben für Tote gefunden, denn die Römer glaubten, dass die Toten weiterlebten und legten ihnen daher Essen und verschiedene alltägliche Gegenstände mit ins Grab. Übrigens kannst du dir solch eine unterirdische Grabstätte in Weiden einmal anschauen (Aachener Straße 1328, Di–Do 10–13 Uhr, Fr 10–17 Uhr, Sa–So 13–17 Uhr, feiertags geschlossen, ab 6 Personen und in den Sommerferien anmelden, Tel. 02234 /733 99, Eintritt: 1,00 €, ermäßigt 0,50 €).

Zeichne den Spruch auf dem Glasbecher ab. Die Tafel an der Vitrine ist dabei eine Hilfe.

Im Untergeschoss findest du am Ende der Treppe ein Gemälde, das die Stadt Köln so darstellen soll, wie sie vielleicht zur Zeit der Römer aussah. Hier kannst du vieles wiederfinden, worüber du in diesem Buch etwas erfahren hast (siehe S. 32). Erkennst du die Hafeninsel und den zweiten Rheinarm? Findest du das Prätorium, das Nordtor und den Römerturm? In welchem Gebäude könnte das Dionysos-Mosaik gelegen haben?

Natürlich gibt es im Römisch-Germanischen Museum noch viel mehr zu entdecken. Schau dir alles in Ruhe an – oder komm noch einmal wieder her.

Weitere Reste der Stadtmauer – Anhang zu Tour 2

Helenenturm, Helenenstraße: halbrunde Reste eines Turms der Stadtmauer

Mauerreste Clemensstraße: In der Fassade von Nr. 35 sind Reste der gemauerten Schale der Mauer, bei Nr. 9 und 5–7 ist noch das *opus caementicium* erhalten.

Mauerrest Bobstraße: Gegenüber von Bobstr. 34 sieht man an der hinteren Wand eines Ladens ein drei Meter hoch erhaltenes Stück *opus caementicium*.

Mauerreste Mauritiussteinweg: Geht man an den Häusern 30 und 32 vorbei in den hinteren Gartenbereich, kann man ein insgesamt fast 120 Meter langes Stück Stadtmauer sehen. An der Häuserecke Nr. 32 ist im Pflaster die Lage eines Turms markiert, von dem aber nichts mehr erhalten ist.

Turmrest Alte Mauer: An der Ecke Griechenpforte/Alte Mauer steht ein etwa vier Meter hoher Rest des Betonkerns.

Turmrest Alte Mauer am Bach: Ein Teil des Hauses Nr. 1 steht auf Pfeilern. Darunter sieht man Reste eines Turmes.

Mauerrest Mühlenbach: Neben Haus Nr. 27 befindet sich ein längerer Mauerrest der Stadtmauer.

Ubiermonument Malzmühle: Der Eingang befindet sich bei Haus Nr. 1. Zu sehen sind die Reste eines großen Eckturms, der anscheinend schon lange vor dem Bau der Stadtmauer errichtet und in diese einbezogen wurde. Führungen für Gruppen kann man bei KölnTourismus am Dom (Tel. 0221/221-304 00) oder im Römisch-Germanischen Museum (Tel. 0221/221-245 42) erfragen.

6

Wer häddet jewoß?

Wer häddet jewoß?

6

S. 29	Das Modell gehört zu Bau IV (= 4).
S. 34	Auf der Säule ist eine Wölfin zu sehen.
S. 34	Die ersten drei Köpfe gehören zu Augustus, Agrippina und Claudius.
S. 34	Zur Familie gehören außer dem Legionär und seiner Frau noch fünf Kinder.
S. 37	Der Kuppelbau von St. Gereon besteht aus zehn Ecken. Man nennt ein Zehn-Eck griechisch auch Dekagon (*deka*=zehn)
S. 42	Der Torbogen des Nordtores besteht aus 13 Steinen. Der unterste Stein links ist nicht mehr original, sondern ergänzt.
S. 43	Es handelt sich um Dionysos, den Gott des Weines.

Er war der Mann von Agrippina (S. 12) →

Gott der Lebensfreude (S. 40) →

Gründer der Stadt Rom ← (S. 34)

Als Kaiser hieß er Augustus. Sein ursprünglicher Name wird gesucht. (S. 27) →

Er war der Sohn Agrippinas (S. 11) →

Er rettete mit einer List und mit Hilfe der Kölner Frauen die Stadt vor ← Vitellius (S. 25)

Sie sorgte dafür, dass Köln die römischen Stadtrechte erhielt (S. 11) →

Das Lösungswort findest du auf der nächsten Seite.

47

Bibliografische Information Der Deutschen Bibliothek

Die Deutsche Bibliothek verzeichnet diese Publikation
in der Deutschen Nationalbibliografie; detaillierte
bibliografische Daten sind im Internet über
http://dnb.ddb.de abrufbar.

2. überarb. und aktual. Auflage 2008
© J.P. Bachem Verlag, Köln 2008
In Kooperation mit dem Känguru Colonia Verlag
www.kaenguru-online.de

Wir danken dem Römisch-Germanischen Museum für
seine Unterstützung.

Redaktion und Lektorat: Martina Dammrat, Köln
Einbandgestaltung: Heike Unger, Berlin
Layout: Norbert Breidenstein, Leverkusen

Druck: Grafisches Centrum Cuno, Calbe
Printed in Germany
ISBN 978-3-7616-2202-5

Bildnachweis:
Alle Fotos von Guido Ricken außer von
Bachem Archiv: Seiten 4/5, 12/13, 41 u., 43 o;
N. Breidenstein: Seiten 8, 10, 26;
Csaba P. Rakoczy: Seiten 28, 29.

Lösungswort des Kreuzworträtsels: COLONIA. Abb S. 3: Am Lysolphturm ist Klettern erlaubt.
Bild oben: 1, 2, 3 ... ganz viele. Wer zählt die Kinder? Wer die Steine der römischen Straße?